NIVEL
3

Sonia Sotomayor

Barbara Kramer

NATIONAL GEOGRAPHIC

Washington, D.C.

Para Callie y Kinsey, las dos en camino a ser mujeres tan fuertes como Sonia Sotomayor —B. K.

Libro en rústica ISBN: 978-1-4263-3517-4
Encuadernación de biblioteca reforzada ISBN: 978-1-4263-3518-1

Libro diseñado por YAY! Design

La editorial y la autora agradecen la revisión experta del contenido llevada a cabo por Joan Biskupic, autora del libro *Breaking In: The Rise of Sonia Sotomayor and the Politics of Justice* (2014), y la revisión literaria del libro hecha por Mariam Jean Dreher, profesora de educación en lectura en la Universidad de Maryland, College Park.

Créditos fotográficos

TAPA (RETRATO), White House/Handout/CNP/Corbis; (EDIFICIO), Gary Blakely/SS; 1 (CENTRO), MCT/GI; 3, Joe Ravi/SS; 4, Jim Young/Corbis; 5, Mandel Ngan/AFP/GI; 7 (ARRIBA), Brendan Smialowski/Bloomberg/GI; 7 (ABAJO DERECHA), CBS/GI; 9 (ARRIBA DERECHA), The White House/GI; 9 (ABAJO), Enid Alvarez/NY Daily News Archive/GI; 10, The White House/GI; 11, Herb Scharfman/Sports Illustrated/GI; 13, The White House/GI; 14, AP Photo/Bebeto Matthews; 15 (ARRIBA), The White House/GI; 15 (ABAJO), Brooks Kraft/Corbis; 16, The White House/GI; 17, iStock.com/aimintang; 19, EQRoy/Shutterstock; 20, Lee Snider Photo Images/SS; 21 (ARRIBA), Steve Dunwell/Getty Images; 22 (CENTRO), AP Photo/White House; 23 (ARRIBA DERECHA), Marilynn K. Yee/The New York Times/Redux Pictures; 23 (ARRIBA CENTRO), AP Photo/Mark Lennihan; 23 (CENTRO), StudioSmart/SS; 23 (ABAJO DERECHA), Steve Mack/FilmMagic/GI; 24-25, 145/Wesley Hitt/Ocean/Corbis; 26, Sam Howe Verhovek/Redux Pictures; 27 (ARRIBA), Todd Heisler/The New York Times/Redux Pictures; 27 (ABAJO), Ozier Muhammad/The New York Times/Redux Pictures; 29, Marilyn Yee/The New York Times/Redux Pictures; 30, Otto Greule/GI; 31 (CENTRO), Joseph Sohm/Shutterstock; 31 (ABAJO), Sally Ryan/The New York Times/Redux Pictures; 32 (ARRIBA DERECHA), Calvin Chan/Alamy; 32 (CENTRO IZQUIERDA), AF archive/Alamy; 32 (ABAJO DERECHA), Africa Studio/SS; 33 (ARRIBA), John A. Angelillo/Corbis; 33 (CENTRO IZQUIERDA), AP Photo/Bebeto Matthews; 33 (ABAJO DERECHA), mdgn/SS; 35, AP Photo/Mark Lennihan; 36, Official White House Photo by Pete Souza; 38-39, Alex Wong/GI; 39 (DERECHA), Mark Wilson/GI; 39 (CENTRO), Jewel Samad/AFP/GI; 40, Jim Young/Reuters/Corbis; 42-43, Jewel Samad/AFP/GI; 44 (ARRIBA DERECHA), Aerial Archives/Alamy; 44 (CENTRO IZQUIERDA), The White House/GI; 44 (ABAJO DERECHA), Skylines/SS; 45 (ARRIBA IZQUIERDA), iStock.com/aimintang; 45 (5 DERECHA), Rena Schild/SS; 45 (5 ARRIBA), J Main/SS; 45 (5 IZQUIERDA), bikeriderlondon/SS; 45 (5 ABAJO), Mandel Ngan/AFP/GI; 45 (ABAJO CENTRO IZQUIERDA), Marilyn Yee/The New York Times/Redux Pictures; 45 (ABAJO DERECHA), Mark Wilson/GI; 46 (ARRIBA), Mark Wilson/GI; 46 (CENTRO IZQUIERDA), Svetlana Foote/SS; 46 (CENTRO DERECHA), The White House/GI; 46 (ABAJO IZQUIERDA), Saul Loeb/AFP/GI; 46 (ABAJO DERECHA), zimmytws/SS; 47 (ARRIBA IZQUIERDA), Yvonne Hemsey/Hulton Archive/GI; 47 (ARRIBA DERECHA), bikeriderlondon/SS; 47 (CENTRO IZQUIERDA), Enid Alvarez/NY Daily News Archive/GI; 47 (CENTRO DERECHA), CBS/GI; 47 (ABAJO IZQUIERDA), Gordon Chibroski/Portland Press Herald/GI; 47 (ABAJO DERECHA), Brandon Bourdages/SS; header (TODO EL LIBRO), mg1408/SS; vocabulary box (TODO EL LIBRO), lawman/SS

National Geographic apoya a los educadores K-12 con Recursos del ELA Common Core. Visita natgeoed.org/commoncore para más información.

Impreso en los Estados Unidos de América
19/WOR/1

Tabla de contenidos

¿Quién es Sonia Sotomayor?

El 8 de agosto de 2009, a Sotomayor le tomaron juramento como jueza de la Corte Suprema.

En agosto 2009, Sonia Sotomayor se convirtió en una jueza de la Corte Suprema. Es un trabajo muy especial. Sotomayor es la persona número ciento once en recibir ese honor en toda la historia. Es la tercera mujer y la primera persona hispana en ser juez de la Corte.

Nueve jueces forman parte de la Corte Suprema. Trabajan en equipo para emitir fallos, o decisiones. Sus decisiones se hacen ley en todos los Estados Unidos.

Sotomayor (segunda fila, derecha) es la primera persona hispana en formar parte de la Corte Suprema.

Sotomayor soñó con ser jueza desde los diez años. Tuvo la idea después de ver el programa de televisión *Perry Mason*. Mason trabajaba como abogado en una sala de justicia. Era el protagonista del programa, pero Sotomayor se dio cuenta de otra cosa.

Mason argumentaba sus casos, pero era el juez quien mandaba en la sala. Sotomayor quería ser el juez. Nunca se imaginó que un día sería jueza de la Corte Suprema.

Palabras a saber

ABOGADO: Profesional cuyo trabajo es ayudar a las personas con asuntos legales

En sus propias palabras

"Me di cuenta que el juez era la persona más importante en la sala."

Durante un episodio del programa *Perry Mason*, el juez (centro) escucha mientras Mason (izquierda) interroga al testigo.

Creciendo en el Bronx

Sotomayor nació el día 25 de junio de 1954 en la ciudad de Nueva York. Sus padres eran de la isla de Puerto Rico. Ambos habían llegado a los Estados Unidos en los años 40s. Se conocieron en Nueva York y se casaron. Hicieron su casa en una parte de la ciudad llamada el Bronx.

Puerto Rico es un territorio de los Estados Unidos. Las personas que viven en Puerto Rico son ciudadanos estadounidenses pero tienen su propio gobierno.

0 — 500 millas
0 — 500 kilómetros

•Nueva York

LOS ESTADOS UNIDOS

Océano Atlántico

El Golfo de México

Puerto Rico (EEUU)

El Mar Caribe

Sotomayor tenía tres años cuando nació su hermano, Juan. En esa misma época, la familia se mudó a un nuevo proyecto de viviendas públicas que se llamaba Bronxdale Houses. Era el apartamento más limpio y luminoso que Sotomayor había visto jamás.

Palabras a saber

PROYECTO DE VIVIENDA PÚBLICA: Un grupo de casas o apartamentos construidos con dinero del gobierno

Una de sus abuelas también vivía en la zona, junto con sus tíos, tías y primos. Los sábados en la noche, toda la familia se juntaba. Jugaban al bingo y siempre había mucha comida.

Sotomayor con su hermano, Juan

A Sotomayor le encantaban los partidos de béisbol en Yankee Stadium.

En el verano, la familia pasaba sus días en Orchard Beach. Yankee Stadium también se encuentra en el Bronx. A la familia le gustaba ver partidos de béisbol en ese estadio. Así fue que Sotomayor llegó a ser fanática de los Yankees.

¡Es un hecho! El padre de Sotomayor no hablaba inglés. La familia solo hablaba español en casa.

Siendo valiente

Sotomayor disfrutaba sus días con la familia pero se cansaba mucho. También, casi siempre tenía mucha sed. Cuando tenía ocho años, descubrió por qué.

Sotomayor sufría de diabetes. Su cuerpo no usaba el azúcar en la manera que debía. Los médicos les dijeron a sus padres que necesitaba insulina para tratar la diabetes. La insulina se administra en forma de inyección. Sotomayor tendría que colocarse inyecciones todos los días por el resto de su vida.

A veces sus padres discutían sobre quién le colocaría la inyección. Sotomayor no quería que se pelearan por ella. Por eso, aprendió a colocarse sus inyecciones ella misma.

Sotomayor tenía seis o siete años en esta foto. Después descubrió que tenía una enfermedad grave.

Un año después, el padre de Sotomayor murió. Su madre estaba sola criando a sus dos hijos. Ella trabajaba seis días de la semana para poder mantener a la familia.

La mamá de Sotomayor les enseñó a sus hijos a estudiar mucho en la escuela. Sotomayor quería ser una buena alumna pero no sabía cómo. Entonces pidió ayuda.

¡Es un hecho! Sotomayor leía muchos libros para llenar los días tristes después de que murió su papá. Le gustaban mucho los libros de Nancy Drew sobre una chica detective.

Sotomayor iba a la escuela primaria Blessed Sacrament.

Su foto de graduación de octavo grado

Sotomayor le pidió ayuda con el estudio a una de las chicas más inteligentes de su quinto grado. Una recomendación que le dio fue subrayar datos importantes mientras leía. Saber estudiar le ayudó mucho. Se convirtió en uno de los mejores alumnos de su clase.

En sus propias palabras

"Mi madre creía que la educación era la puerta a todo en el mundo."

El barrio donde vivía Sotomayor estaba cambiando. Pandillas estaban luchando una contra otra. Había más crímenes. Cuando Sotomayor estaba en la escuela secundaria, la familia se mudó a una parte más tranquila del Bronx.

Sotomayor asistió a la escuela secundaria Cardinal Spellman. Al salir de la escuela, sus amigos iban a su casa a pasar las tardes. Uno de esos amigos era Kevin Noonan. Después, él sería el novio de Sotomayor.

Sotomayor visita a alumnos de su escuela secundaria Cardinal Spellman.

En 1972, Sotomayor terminó la escuela secundaria. Debido a su dedicación al estudio, recibió una beca para estudiar en la Universidad de Princeton. Esta universidad es una de las mejores del país.

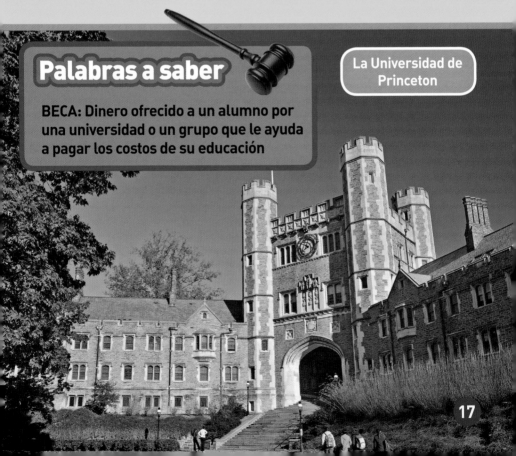

Palabras a saber

BECA: Dinero ofrecido a un alumno por una universidad o un grupo que le ayuda a pagar los costos de su educación

La Universidad de Princeton

Estudiando mucho

Muchos de los alumnos en Princeton venían de familias ricas. Había pocas alumnas mujeres y pocos alumnos hispanos. Sotomayor se sentía muy fuera de lugar.

Durante mucho tiempo, Sotomayor no habló en clase. Era muy tímida y nunca levantaba la mano. La primera composición que escribió no fue muy buena. Tenía muchos errores. Pero Sotomayor no se dio por vencida. Les pidió ayuda a sus profesores y aprendió a escribir mejor. En 1976, se graduó de Princeton con los honores más altos.

¡Es un hecho! Sotomayor y otros alumnos puertorriqueños trabajaron para traer más alumnos y profesores hispanos a Princeton.

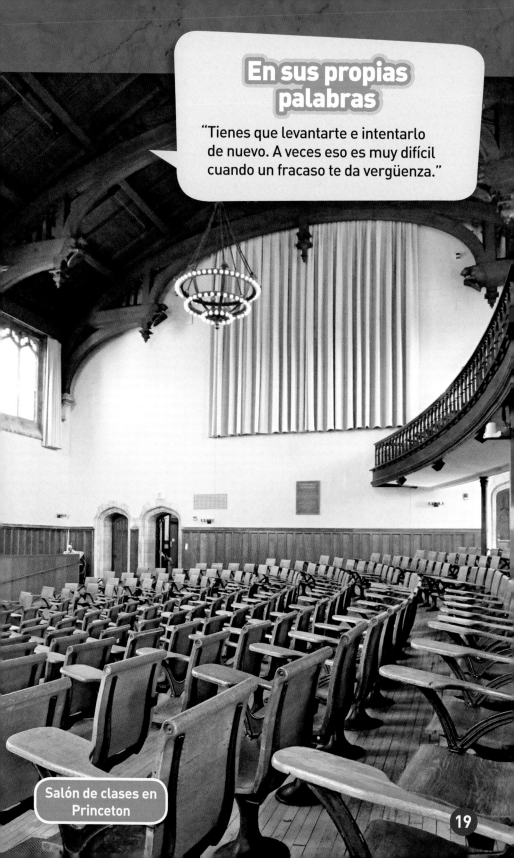

En sus propias palabras

"Tienes que levantarte e intentarlo de nuevo. A veces eso es muy difícil cuando un fracaso te da vergüenza."

Salón de clases en Princeton

Pero Sotomayor no había terminado sus estudios todavía. Ese otoño, empezó clases en Yale Law School, una escuela de abogacía. Para llegar a ser jueza, tenía que saber todo sobre la ley. Muchas personas trabajan como abogados antes de ser jueces.

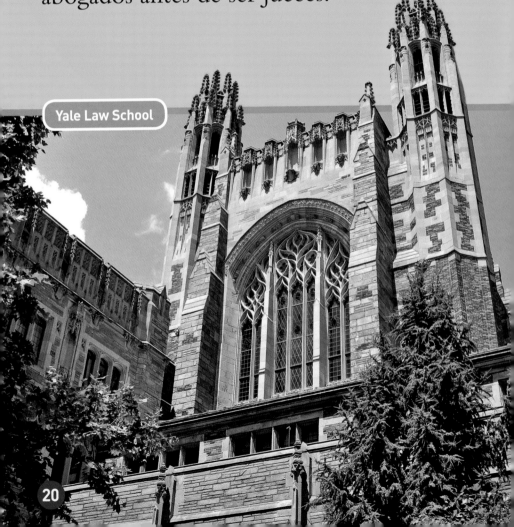

Yale Law School

La biblioteca de la Universidad de Yale

En agosto, antes de empezar las clases, Sonia se casó con Kevin Noonan. Él también había terminado la universidad. Estaba considerando estudiar abogacía o ciencia.

Durante su tiempo en Yale, Sotomayor pasaba mucho tiempo en la biblioteca estudiando casos legales viejos. Esto la ayudó a entender cómo trabajan los abogados. Ella se graduó de Yale Law School en 1979.

Los increíbles primeros de Sotomayor

Sonia Sotomayor fue la primera en hacer muchas cosas. ¿Sabías de estos logros?

Durante su ultimo año en la Universidad de Princeton, Sotomayor fue la primera mujer hispana en ganar el premio de honor M. Taylor Pyne. Es un premio que se entrega a alumnos sobresalientes quienes también son buenos líderes.

LOS ESTADOS UNIDOS

Nueva York

Océano Atlántico

El Golfo de México

Fue la primera persona de su familia nacida en los Estados Unidos continental.

En 1992, fue la primera persona hispana en ser juez federal del estado de Nueva York.

En 1998, fue la primera mujer hispana en formar parte de la Corte de Apelaciones de los Estados Unidos para el Segundo Circuito.

Palabras a saber

FEDERAL: Relacionado con el gobierno de los Estados Unidos

En 2009, se convirtió en la primera jueza hispana de la Corte Suprema de los Estados Unidos.

En el Año Nuevo del 2013, apretó el botón para dejar caer la bola de cristal en Times Square en la ciudad de Nueva York. Fue la primera jueza de la Corte Suprema en participar de esta tradición de Año Nuevo.

Luchando contra el crimen

El primer trabajo que tuvo Sotomayor fue como abogada en la ciudad de Nueva York. Trabajaba en la oficina del fiscal de distrito. La policía arresta a las personas que creen que han cometido crímenes. Fue el trabajo de Sotomayor probar en una corte de la ley que esas personas sí eran culpables.

Sus días empezaban a las 7:00 a.m. y muchas veces no llegaba a casa hasta las 10:00 de la noche. Su marido también estaba muy ocupado. No tenían mucho tiempo para estar juntos. Sus vidas iban en direcciones contrarias. En 1983, se divorciaron.

Palabras a saber

FISCAL DE DISTRITO: El abogado que decide empezar un caso contra personas acusadas de crímenes en una zona particular de los Estados Unidos

Así se veía el horizante cuando Sotomayor era abogada en la ciudad de Nueva York.

Sotomayor trabajó cinco años en la oficina del fiscal de distrito. Estaba lista para un cambio. En 1984, empezó a trabajar en un pequeño estudio de abogados en la ciudad de Nueva York. Parte de su trabajo se trataba de proteger a las empresas contra personas que querían copiar sus productos o ideas.

Sotomayor todavía quería ser jueza. Pero no podía conseguir ese trabajo sola. Tenía que ser elegida o nominada. Pronto la oportunidad se le presentaría.

Palabras a saber

NOMINAR: Sugerir a alguien para un trabajo o puesto

"Yo ... creo que aquellos que tenemos oportunidades en esta vida debemos devolver las mismas a aquellos que no las tienen."

Sotomayor habla con alumnos de su escuela primaria, Blessed Sacrament School.

Ayudando a otros

Sotomayor estaba muy ocupada con su trabajo pero encontraba tiempo para ayudar a otros también. Enseñaba a los jóvenes acerca de cómo llegar a ser abogados o jueces. También trabajaba con un grupo que donaba dinero a familias que no podían pagar sus viviendas.

Cumpliendo un sueño

En noviembre 1991, el presidente George H. W. Bush nominó a Sotomayor como jueza federal para la Corte de Distrito de los Estados Unidos en el estado de Nueva York.

Antes de que Sotomayor pudiera ser jueza, el Senado de los Estados Unidos tenía que confirmar la nominación. El día 11 de agosto de 1992, el Senado votó. Los senadores aprobaron la nominación y Sotomayor se convirtió en jueza federal.

Ella tenía 38 años y había cumplido su sueño de ser jueza. También hizo historia. Fue la primera persona hispana en ser juez federal en ese estado.

Palabras a saber

CORTE DE DISTRITO: La corte que trata los casos de una area particular de los Estados Unidos. Es el primer nivel de las cortes federales.

CONFIRMAR: Aprobar a alguien a través de una votación.

La nueva jueza federal Sotomayor posa enfrente de unos libros de abogacía.

Convirtiéndose en juez federal

Los jueces federales trabajan para el gobierno de los Estados Unidos. El presidente presenta la nominación de una persona y el Senado hace una votación sobre ella. Si la persona recibe los votos necesarios, significa que él o ella está confirmado/a por el Senado. Si no recibe los votos necesarios, el presidente debe nominar a otra persona.

Salvando el béisbol

Sotomayor escuchó muchos casos en su corte. Uno de los más famosos fue sobre una huelga de la Liga Mayor de Béisbol. Los jugadores y los dueños de los equipos no estaban de acuerdo sobre cómo se debería pagar a los jugadores. Los jugadores hicieron una huelga. No jugarían ningún partido. Debido a esto, no hubo una Serie Mundial en el año 1994.

Palabras a saber

HUELGA: Protesta en la cual un grupo de personas deja de trabajar hasta que reciban mejor tratamiento.

Este caso llegó a la corte de Sotomayor en marzo 1995. Ella escuchó tanto a los jugadores como a los dueños de los equipos. Sotomayor estaba a favor de los jugadores. Su decisión hizo terminar la huelga después de 232 días. Algunas personas dicen que ella salvó el béisbol.

En sus propias palabras

"No puedes pasar tu niñez en el Sur del Bronx y no saber del béisbol."

6 DATOS ASOMBROSOS de Sotomayor

De niña, a Sotomayor le gustaba leer libros de historietas. Dos de sus favoritos fueron Casper, el fantasma bueno, y Richie Rich, un chico que viene de una familia muy rica.

1

2

En 2012, Sotomayor fue a Plaza Sésamo para intervenir en un desacuerdo entre Ricitos de Oro y Bebé Oso. El desacuerdo empezó por la silla rota de Bebé Oso.

Como alumna en Princeton, Sotomayor se propuso el desafío de aprender cinco palabras nuevas todos los días.

3

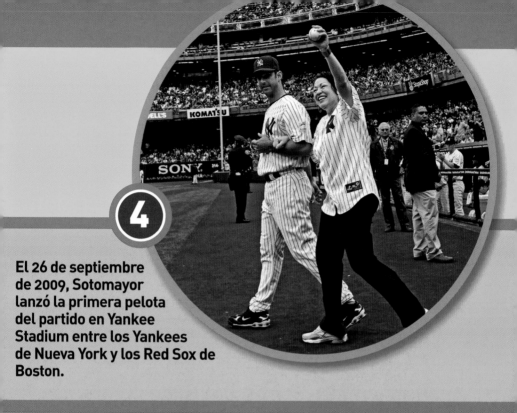

4

El 26 de septiembre de 2009, Sotomayor lanzó la primera pelota del partido en Yankee Stadium entre los Yankees de Nueva York y los Red Sox de Boston.

5

El 4 de junio de 2010, el proyecto de viviendas públicas Bronxdale Houses recibió un nombre nuevo. Ahora el lugar se llama Casas y Centro Comunitario *Jueza Sonia Sotomayor*.

Sotomayor se mantiene en forma corriendo en la cinta del gimnasio ubicado en el edificio de la Corte Suprema.

6

Una corte más alta

A veces las personas creen que una decisión tomada por la corte es injusta o incorrecta. Cuando pasa esto, ellos pueden apelar. Apelar significa que pueden pedir que una corte más alta escuche el caso.

La corte a un nivel más alto que la Corte de Distrito de los Estados Unidos es la Corte de Apelaciones de los Estados Unidos. En 1997, el presidente Bill Clinton la nominó a Sotomayor para esta corte más alta.

Las Cortes Federales

La Corte Suprema

⬆

La Corte de Apelaciones de los Estados Unidos

Hay 12 Cortes de Apelaciones en los Estados Unidos. El Segundo Circuito, donde trabajó Sotomayor, incluye Connecticut, Nueva York y Vermont.

⬆

La Corte de Distrito de los Estados Unidos

Hay 94 Cortes de Distrito en los Estados Unidos. Cada estado tiene al menos un distrito federal. Los estados con más población tienen más distritos.

Sotomayor posa en su oficina después de ser confirmada jueza de la Corte de Apelaciones de los Estados Unidos para el Segundo Circuito.

Una vez más, necesitaba la confirmación del Senado de los Estados Unidos. Durante mucho tiempo, parecía que no la iba a conseguir. Algunos senadores no querían que Sotomayor ganara el puesto. Los senadores demoraron más de un año en decidir. Finalmente votaron para confirmarla el 2 de octubre de 1998.

El 26 de mayo de 2009, el presidente Barack Obama (derecha) la nominó a Sotomayor para la Corte Suprema de los Estados Unidos.

Sotomayor trabajó once años como jueza de la Corte de Apelaciones de los Estados Unidos. En 2009, se abrió un lugar en la Corte Suprema. El presidente Barack Obama pensó en quiénes serían buenos candidatos para la corte. Tenía en mente cuatro personas y Sotomayor era una de ellas.

El 21 de mayo, Sotomayor se reunió con el presidente en la Casa Blanca. A él le gustó la forma en que ella respondía sus preguntas. Él creía que ella era una buena candidata para ese trabajo. El 26 de mayo, la nominó para ser jueza de la Corte Suprema.

¡Es un hecho! La noticia de la nominación de Sotomayor a la Corte Suprema se anunció por el altavoz de la escuela secundaria Cardinal Spellman.

Sotomayor responde las preguntas de los senadores.

Sotomayor todavía necesitaba la confirmación del Senado de los Estados Unidos. El 13 de julio, ella se reunió con un comité, o grupo, de senadores. Durante tres días, los senadores le hicieron muchas preguntas difíciles. Querían estar seguros de que ella era la persona correcta para este trabajo tan importante.

En sus propias palabras

"Soy una persona ordinaria que ha sido bendecida con oportunidades y experiencias extraordinarias."

El 6 de agosto, el Senado votó. El voto salió 68-31. Sotomayor se convertiría en jueza de la Corte Suprema.

A Sotomayor le tomó juramento como jueza de la Corte Suprema el presidente de la Corte Suprema John G. Roberts (derecha).

1954

Nace en la ciudad de Nueva York el 25 de junio

1962

Descubre que tiene diabetes

1963

Su padre se muere

Dos días después, a Sotomayor le tomaron juramento en el edificio de la Corte Suprema. Su hermano estaba a su lado y su mamá sostenía la Biblia donde Sotomayor colocó su mano izquierda. Levantó la mano derecha y prestó juramento. Prometió tratar a todas las personas justamente y seguir la Constitución de los Estados Unidos en su trabajo como jueza de la Corte Suprema.

Los jueces de la Corte Suprema tienen su cargo para toda la vida. Sotomayor puede ser jueza de la Corte todo el tiempo que quiere. La Corte Suprema escucha entre 75 y 80 casos por año. Sotomayor pasa muchas horas preparando cada caso. Es mucho trabajo pero ella está acostumbrada a trabajar duro.

1972
Se gradúa de la escuela secundaria Cardinal Spellman

1976
Se gradúa de la Universidad de Princeton

1979
Se gradúa de Yale Law School

Una verdadera inspiración

El éxito que ha tenido Sotomayor es una inspiración para muchas personas. Creció en un barrio pobre. Vive con una enfermedad grave desde muy joven. Como mujer hispana, a veces sintió que no pertenecía al grupo. Sotomayor superó todos estos desafíos y cumplió su sueño. Demuestra que para ser exitoso, tienes que soñar a lo grande y trabajar duro.

1979

Empieza a trabajar en la oficina del fiscal de distrito en la ciudad de Nueva York

1984

Entra a trabajar en un pequeño estudio de abogados en la ciudad de Nueva York

1992

Se convierte en jueza federal para una de las Cortes de Distrito de los Estados Unidos

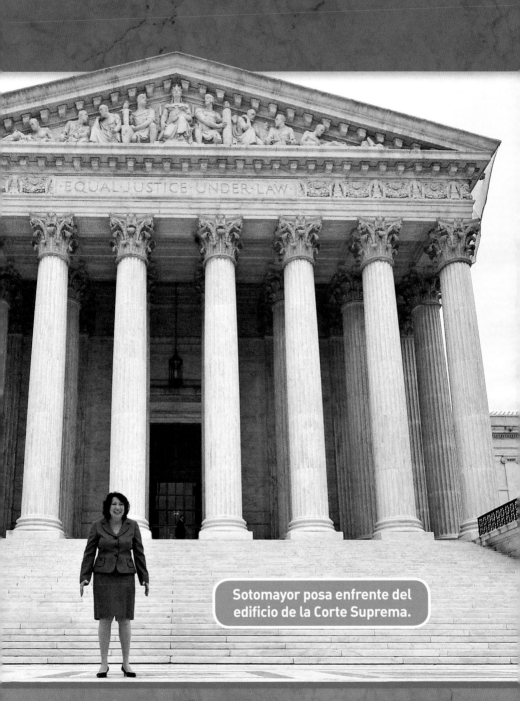

Sotomayor posa enfrente del edificio de la Corte Suprema.

1995

Emite una decision
en el caso de la
huelga de la Liga
Mayor de Béisbol

1998

Se convierte en
jueza de la Corte
de Apelaciones de
los Estados Unidos

2009

Se convierte en
jueza asociada de
la Corte Suprema
de los Estados Unidos

GENIOS del CONOCIMIENTO

¡A ver cuántas preguntas puedes responder correctamente!
Las respuestas se encuentran en la parte inferior de la página 45.

¿Dónde nacieron los padres de Sotomayor?

A. México
B. Costa Rica
C. Puerto Rico
D. Cuba

1

2

Sotomayor descubrió que sufría de diabetes cuando tenía aproximadamente _____ años.

A. 5
B. 8
C. 12
D. 14

En quinto grado, Sotomayor recibió ayuda con el estudio de _____.

A. su profesora
B. otra alumna
C. un tutor
D. su mamá

3

4

¿Al terminar la escuela secundaria, a qué universidad fue Sotomayor?

A. la Universidad de Brown
B. la Universidad de Stanford
C. la Universidad de Nueva York
D. la Universidad de Princeton

5

Los jueces federales son nominados por _____.

A. el Senado de los Estados Unidos
B. otros jueces
C. el presidente de los Estados Unidos
D. la Corte Suprema

6

Sotomayor cumplió su sueño de ser jueza cuando tenía _____ años.

A. 38
B. 42
C. 45
D. 50

7

¿Cuál es la corte más alta de los Estados Unidos?

A. la Corte de Distrito de los Estados Unidos
B. la Corte de Apelaciones de los Estados Unidos
C. la Corte Criminal de la Ciudad de Nueva York
D. la Corte Suprema

Glosario

ABOGADO: Profesional cuyo trabajo es ayudar a las personas con asuntos legales

CORTE DE DISTRITO: La corte que trata los casos de una area particular de los Estados Unidos. Es el primer nivel de las cortes federales.

CORTE SUPREMA: La corte más alta de los Estados Unidos

HISPANO: Venir o tener familia de un país donde el español es el idioma oficial

HUELGA: Protesta en la cual un grupo de personas deja de trabajar hasta que reciban mejor tratamiento

BECA: Dinero ofrecido a un alumno por una universidad o un grupo que le ayuda a pagar los costos de su educación

CONFIRMAR: Aprobar a alguien a través de una votación

FEDERAL: Relacionado con el gobierno de los Estados Unidos

FISCAL DE DISTRITO: El abogado que decide empezar un caso contra personas acusadas de crímenes en una zona particular de los Estados Unidos

NOMINAR: Sugerir a alguien para un trabajo o puesto

PROYECTO DE VIVIENDA PÚBLICA: Un grupo de casas o apartamentos construidos con dinero del gobierno

Índice

Negrita indica ilustraciones